հայերէն հայքու

կարին անկողինեան

հայերէն հայքու

խմբագիր՝ ռուբէն խաժակ

Երեւան – 2020

ՀՏԴ 821.19-1 Անկողինեան
ԳՄԴ 84(5Հ)-5
Ա 596

Խմբագիր՝ **Ռուբէն Խաժակ**

Կողքի եւ գրքի ձեւաւորում՝ **Ռուբէն Խաժակ**

Անկողինեան Կարին

Ա 596 Հայերէն հայքու: Բանաստեղծութիւններ/Կ. Անկողինեան.- Եր.: Հայերէն հայքու, ճափոնական մշակոյթ, Բանաստեղծութիւն: Տիռ պէտ պըքս/ Իրանագիտական կովկասեան կեդրոն, 2020 - 88 էջ:

կարին.հայ

ԳՄՍՀ 978-9939-1-1201-5

ՀՏԴ 821.19-1 Անկողինեան
ԳՄԴ 84(5Հ)-5

Այս գիրքը հրատարակուած է բոլոր անոնց համար, որոնք հայերէն կարդալու դժուարութիւն ունին եւ դիւրին գիրք մը պէտք ունին սկսելու համար...

Ընկեր մը ունիմ
Չուզեց փորձել գիրք կարդալ
Բայց երկար է:

...եւ եօթանասուն հազար ասորիներուն յիշատակին:

Կարին Անկողինեան

Բովանդակութիւն

Փոխան յառաջաբանի

Մեծ մայրս կ՛ըսէր «ամէն բանի մէջ *խէր* մը կայ»:

Այս տարի ~~քաք~~ ահաւոր էր (քաղաքակիրթ ըլլանք). համաճարակ, ճգնաժամ եւ հաւանաբար ամենաահռելին՝ ազգային մեծ պարտութիւն (Արցախի պատերազմի եւ տխրահռչակ «համաձայնագրի» մասին է խօսքը):

Թէեւ աշխարհը «տակն ու վրայ» ըրաւ 2020 թուականը, թէեւ շատերուն ծրագիրները, յոյսերն ու երազները իրար անցան, այս մթութեան մէջ *խէրը* (բարիքը) պէտք է փնտռես եւ գտնես, որ բոլորովին չխենթենաս:

Ահաւասիկ բարիքներէն օրինակ մը. կարծես թէ արեւմտահայերէն առցանց զարթօնք մը ծնաւ համաճարակէն: Զանազան տարբեր արեւմտահայերէն ծրագիրներ եւ նախաձեռնութիւններ մէջտեղ եկան այս անորոշ օրերու ընթացքին:

Անոնք որոնք ծանօթ չեն բանաստեղծական այս ձեւաչափին՝ հայքուն ճափոնական բանաստեղծութեան տեսակ մըն է, որ բաղկացած է միայն 17 վանկերէ (5-7-5): Ըստ աւանդութեան, վանկերու այս թիւը ամենէն յարմարն է մէկ շունչով արտասանելու այդ բանաստեղծութիւնը:

Թէեւ Կարինը «2020» կոչուած ճիւաղի յայտնութենէն շատ աւելի կանուխ սկսած էր հայքուներ գրել, այս գրքոյկի գաղափարը մէջտեղ եկաւ այս տագնապալի տարեթիւին:

Կարինը գրագէտ չէ. ամէնօրեայ հայկական վարժարան չէ յաճախած եւ իր հայերէնի իմացութիւնը կը պարտի ինքնաշխատութեան եւ իր ծնողքին: Ես ալ հայերէնի մասնագէտ չեմ, բայց սիրայօժար ստանձնեցի այս հատորին խմբագրութիւնը եւ ձեւաւորման պարտականութիւնը, որովհետեւ կը հաւատամ որ լաւ աշխատանք մըն է եւ որովհետեւ Կարինին խիզախ (այո, նոյնիսկ երբեմն յամառ) նկարագիրը զիս կը ներշնչէ:

Կ՛ուզէ՞ք գիտնալ Կարինը որքան յամառ է: Ան համոզուած է, որ 21-րդ դարուն կարելի է առանց որեւէ օտար տառ մ՛իսկ գործածելով հայերէն գիրք մը հրատարակել:

Այս միտքը շատ գեղեցիկ ձեւով կը նկարագրէ իր գիտցած ձեւով (բառախաղով եւ հայքուով)՝

Յամառ եմ

Ուզեցի գրել
Առանց մէկ օտար տառի
Բառի վայելում

Կարին Անկողինեան

Ուրեմն, ինչպէս Կարինը կ՛ըսէ՝ բարի *բառի* վայելում: Ներողամիտ եղէք, եթէ ուղղագրական կամ քերականական վրիպումներու հանդիպիք. ըրինք մեր կարելին՝ մեր սահմանափակ ուժերով:

Ետեւի կողքի խօսքիս ալ շատ մի հաւատաք. կատակ էր...

Ռուբէն Խաժակ,
Խմբագիր

Յ.Գ. Պարոն Սուզուքի, մեր նպատակը երբեք ձեր հարուստ մշակոյթը իւրացնել չէր. կը ներէք եթէ ձեզ վշտացուցինք: Ազատ զգացէք սեփականացնելու *ռաբիզ* երաժշտութիւնն ու խորոված եփելու արուեստը (մեր մշակոյթի հարստութիւնները)...

Յ.Յ.Գ. Ընթերցող ջան, եթէ շուարած ես, յետ գրութիւնը պարզապէս պատասխան մըն էր սիրելի պարտիզպանի մը անկեղծ (եւ շատ տեղին) բողոքին (տե՛ս գրքի ետեւի կողքը): Իսկ եթէ Սարոյեան չես կարդացած, ուրեմն ամօ՛թ քեզ...

Հայերէն Հայքու

Հայերէն Հայքու

Հայերէն Հայքու
Ճափոնական մշակոյթ
Բանաստեղծութիւն

Տասնըեօթ վանկ

Տասնըեօթ վանկով
Բանաստեղծութիւն կ՛ըլլա՞յ
Ես ալ չեմ գիտեր

Քաղաքական

Արարատի շուքը

Ինչո՞ւ մենք կ՛ապրինք
Արարատի շուքին տակ
Անզէն Հայութիւն

Անարդարութիւն

Չեմ ուզեր ապրիլ
Անարդար աշխարհի մէջ
Ուր մեզ կը սպաննեն

Երազ

Երեւակայէ
Աշխարհ մը ուր մենք կ՚ապրինք
Առանց պատերազմ

Թոյն

Նիւթապաշտութիւն
Եւ Համաշխարհայնացում
Դրամատիրութիւն

Ազգասէր

Ազգասիրութիւն
ժողովուրդին ծառայել
Ո՛չ դրամի, ոյժի

Դրամատիրութիւն ա.

Վարպետին Համար
Շատ կը սիրեմ աշխատիլ
Դրամատիրութիւն

Դրամատիրութիւն բ.

Պէտք է աշխատիմ
Որ Հացի փող ունենամ
Բայց անօթի չեմ

«Ղօզ»

Վայ Նախագահս
Ինչո՞ւ կ՛ուզէ կոր սարքել
Մէկ Հատ շատ վատ պատ

Միջին արեւելք

Քարիւղ, սեւ ոսկի
ԱՄՆ-ն յարգանք չունի
Պարսիկ կը մեռնի

Անկախութին

Ամերիկային
Ազգութինդ չծախել
Քաք ունել մը կայ

Ապրիլքսանչորս

Ապրիլքսանչորս
Թէ ցաւ, սուգ, մահ եւ տրտում
Թէ կամք ու պայքար

Ար«Ց՛»ախ

Արձախողեցանք
Մեր Հողերը ծախուեցան
Ողջ Ենք բայց մեռանք

Օտարութիւն

Օտարութիւն ա.

Անգլերէն խօսիլ
Իբր թէ կը զարգանանք
Մոռցանք մեր լեզուն

Կուրութիւն

Ես կը կուրանամ
Անտեսուած թշնամիէն
Անգլերէն լեզուէն

Այբուբեն

Ա, Բ, Գ, Ե, Դ
Այբուբենս ես մոռցայ
Օտար ես դարձայ

Անտուն

Հայրենազրկում
Ապրեցանք օտար աշխարհ
Մնացինք անտուն

Վերադարձ

Խլած արմատներ
Ե՞րբ պիտ վերադառնանք տուն
Ցանենք նոր սերունդ

Դիմանալ

Անտանելի կեանք
Դար մը առաջ դիմացանք
Հիմա ալ կրնանք

Թարգմանիչ

Թարգմանութիւններ
Ապահով չէնք այլեւս
Մեր գաղտնի լեզուն

Օտարութին բ.

Վերջին ջարդն էր
Այս անգամ՝ չդիմացանք
Եւ օտարացանք

Ուղղագրութին

Համայնավարը
Ակեց ուղղագրութինը
Ուղղագրությո՞նը

Սփիւռքահայը (Արեւմտահայը կը բացատրէ օտարի՛ն թէ ուրկէ է…)

Ես հոս տեղէ՛ն չեմ
Հայրե՛նիքս հեռու է
Ես հո՛ն տեղէ՛ն չեմ

Կեանք

«Մնուզ»

Հանգիստ քնանալ
Կէս ժամ առաջ ես ըսի
Հինգ վայրկեան եա

Աքլոր

Աքլորը կ՚երգէ
Առտու կանուխ կ՚արթննամ
Սիկարէթ եւ սուրճ

Ընթրիք

Քէպապ, չիքիւֆթէ
Մսավաճառին կ՚երթանք
Իրար միս կ՚ուտենք

Ճամբորդել

Պիտի ճամբորդեմ
Օդակայանը նստիմ
Սպասեմ երկար

Նոր Տարի

Շնորհաւորել
Նոր տարի եւ Սուրբ ծնունդ
Բարի տարիներ

Ձմեռ

Տուն, ձիւն եւ արիւն
Հասայ, սահեցայ, ինկայ
Զգոյշ քալեցէք

Տխրութիւն

Ամպի շուքի տակ
Սուգի մէջ կ՛ապրիմ մինակ
Մուգ չայ եւ մեխակ

Ազատութիւն ա.

Ազատ եւ անկախ
Երբ դուն մահէն չես վախնար
Դուն կրնաս ապրիլ

Ազատութիւն բ.

Առաջ որ մեռնիմ
Ես միայն մէկ բան կ՛ուզեմ
Կեանքէն ազատիլ

Դժոխք ա.

Կեանքը դժոխք է
Օրօրոցէն դագաղը
Մենք կը չարչարուինք

Թափառական

Չեմ կրնար ըսել
Թէ վաղը ուր պիտ՛ ըլլամ
Բայց այսօր Հոս եմ

«Նամակաբեռ»

Ըսին որ բեռ է
Երբ մենք նամակ չենք գրեր
Ի՞նչ պիտի բերէ

Խմբագիրիս գրիչը

Հայ Քու Տէ Թա մը
Գաղափարդ ես գողցայ
Գրեց Ռուբէնը

Սիրային

Անգիտակցաբար

Անգիտակցաբար
Սէրդ ես անտեսեցի
Թէ գիտակցաբա՞ր

Հաւատք, յոյս, սէր

Յուսախաբութիւն
Կը մոռնանք իրար սիրել
Հաւատքն ալ չկայ

Ծաղիկներ

Ծաղիկ մը քաղել
Որուն բոյրը ինչ անուշ
Ձեռքս մնաց փուշ

Անսէր ա.

Պարապ սիրտիս մէջ
Բաւարար արիւն չկայ
Որ գրածս վերջ...

Անսէր բ.

Ի՞նչ է այս բանը
Որուն դուն կը կոչես «սէր»
Կը սորվեցնէ՞ս

Խաբել

Գեղեցիկ աչեր
Փորձեցին սիրտս խաբել
Բայց ձախողեցան

Լռութին

Հաւանական է
Որ քեզի կը սիրեի
Բայց հիմա ուշ է

Անձրեւ

Արցունք ու անձրեւ
Տխրութիւնը կը Հոսի
Աչք ու ամպ կու լայ

Հակադիր Հոգեբանութիւն

Ատէ՛ զիս կ՛ըսեմ
Բայց Հակառակը կ՛ընես
Ատ է որ կ՛ուզեմ

(Ինքնա) կենսագրական

Իքնագիտակցութիւն

Իքնագիտակից
Ամէնէն մեծ էշն եմ ես
Շնորհակալ եմ

66

Խօսիլ

Բաներ մը կ՛ըսեմ
Չեմ գիտեր թէ ինչու
Պարապ խօսքեր են

Դժոխք բ.

Երբ դժոխք երթամ
Ո՞վ Հո՞ն պիտի չարչարուի
Ե՞ս կամ սատանան

Պատճառ

Ինչպէ՞ս արթնամ
Աւելի ճիշդը ըսեմ
Ինչո՞ւ արթնամ

Որոշել

Չեմ կրնար զատել
Աս կամ ան, հեչ հոգս չէ
Անտարբերութիւն

Խամաճիկ

Խամաճիկ եմ ես
Տխրութինս ես պահեմ
Ժպիտ կը ներկեմ

Կենդանաբանական պարտէզ

Ոչխար ժողովուրդ
Կ՚ապրիք գայլին լուծին տակ
Ես ալ էշ մըն եմ

Լեզու

Վայ անպէտք լեզու
Ինչո՞ւ բաներ մը կ՚ըսես
Որ միտքս չուզեց

Մեծնալ

Մանկութեան օրեր
Ամէնը ես ալ մոռցայ
Այլեւս մեծցայ

Արթուն

Առտուայ երեք
Ժամերը կ՛անցնին. չորս, հինգ
Մնացի անքուն

Հատախօս

Մեր լռութիւնը
Մեր ալ տկարութիւնն է
Ես շատ խօսեցայ

Երկու խօսք

Երկու քայլ մաՀէն
Երկու ումպ եւ խմող եմ
Մէկ խօսք եւ խենթ եմ

Կատակասէր

Կատակասէր եմ
Շատ կատակներ ըսեր եմ
Կատակը աս էր

Պատրաստ

Մէկ գրպա՛նդ Հաց
Միւս գրպա՛նդ կայ Համմոս
Սկաուտը միշտ պատրաստ

Հայրենասէր

Դուն, դուն իմ կեանքն ես
Չեմ դիմանար առանց քեզ
Հայրենիքս ես

Բանտիս դռները

Երէկ շղթայուած
(Ոստիկանատուն նստած)
Այսօր ինքնավար

Վերջ

Վերջ

Սխալ մը ըրի
Զգեմ՛ես անվերադարձ
Կար ու չկարին

Կարին Անկողինեան
Հայերէն հայքու

Տպագրուած է ՆԱՄԷ տպագրատանը